Schauen und Wissen!

Bildnachweis

© Arco Images – C. Bosch: S. 19 (o. l.); fotosol: S. 5 (u. l.); Frederik: S. 27 (o. r.); S. Gatto: S. 21 (o. r.); Christian GUY: S. 25 (o.); Mario Hösel: S. 27 (u. l.); C. Hütter: S. 19 (u. r.); C. Kutschenreiter: S. 18 (l.); Kurt Möbus: S. 18 (r.); M. Pfefferle: S. 15 (o. r.); Harald von Radebrecht: S. 4; M. Ruettiger: S. 19 (u. l.); Schoening: S. 2; Ottfried Schreiter: S. 11 (u. l.); Malcolm Schuyl: S. 15 (u. r.); Siepmann: S. 5 (o.); Kim Taylor: S. 16 (r.); Nick Upton: S. 10 (r.), S. 13 (l.); Jürgen Wackenhut: S. 6 (r.); K. Wothe: S. 20 (r.); Christian Zappel: S. 6 (l.)
© Bayerische Vermessungsverwaltung 621/15 – Geobasisdaten: S. 29 (o., u.)
© blickwinkel – D. Berg: S. 20 (l.), S. 21 (l.); H. Duty: S. 15 (o. l.); A. Hartl: S. 15 (o. M.), S. 16 (l.), S. 17 (r.), S. 21 (u. r.), S. 23 (o. l., M. r., u. l., u. M.), S. 24 (o.), S. 28, S. 30/31; F. Hecker: S. 8 (r.), S. 9, S. 11 (u. r.), S. 12 (l.), S. 22, S. 23 (M. l., M., u. r.), S. 24 (u.), S. 25 (u.), S. 27 (u. r.), S. 32 , S. 33; Hecker/Sauer: S. 17 (l.), S. 23 (o. r.); A. Held: S. 13 (o. M.); F. Herrmann: S. 14; R. Kaufung: S. 12 (M.), S. 31 (u. r.); R. Koenig: S. 8 (l.), S. 11 (o. l.); R. Linke: S. 3; Luftbild Bertram: S. 7; McPHOTO: S. 10 (l.), S. 12 (r.), S. 15 (u. M.), S. 31 (o. r.); P. Schuetz: S. 15 (u. l.); R. Sturm: S. 19 (o. r.); F. Teigler: S. 13 (o. r.), S. 13 (u. M., u. r.), S. 23 (o. M.); G. Wolpert: S. 32/33; S. Ziese: S. 5 (u. r.)
© fotolia – beatuerk: S. 27 (o. l.); schmitz-grafik: S. 26
© pixelio – uschi dreiucker: S. 11 (o. r.)
© Shutterstock – M. Pellinni: Cover

Originalausgabe
© 2015 Hase und Igel Verlag GmbH, Garching b. München
www.hase-und-igel.de
Lektorat: Elena Jell, Anna Schultes
Satz: Claudia Trinks
Illustrationen: Hendrik Kranenberg
Druck: Grafisches Centrum Cuno GmbH & Co. KG

ISBN 978-3-86760-793-3
1. Auflage 2015

Svenja Ernsten

Flüsse und Bäche
Lebensräume für Tiere und Pflanzen

Hase und Igel®

Immer in Bewegung

Sicher gibt es in deiner Nähe einen Bach oder Fluss. Wenn du dich ans Ufer setzt und das Wasser eine Zeit lang beobachtest, siehst du, dass es immer fließt und niemals stillsteht. Du kannst dort auch viele Tiere entdecken: Sie leben am Grund des Gewässers, sind im Wasser oder auf der Oberfläche unterwegs oder verstecken sich am Ufer, wo Land und Wasser aufeinandertreffen. In der Landschaft entlang eines Baches oder Flusses haben sich Pflanzen angesiedelt, denen es nichts ausmacht, wenn sie nasse Füße bekommen.

Fließende Gewässer können sich sehr stark unterscheiden. Das Wasser kann klar oder trüb sein, wild sprudeln oder ruhig fließen. Manche Bäche haben so wenig Wasser, dass du mit Gummistiefeln leicht von einem Ufer zum anderen waten kannst, einige Flüsse dagegen lassen sich nur über eine lange Brücke oder mit einem Boot überqueren.

Eines haben aber alle Bäche und Flüsse gemeinsam: Das Wasser enthält kein Salz, daher nennt man es Süßwasser. Das Trinkwasser, das aus der Leitung kommt, ist übrigens auch Süßwasser.

Mein Lexikon

Strömung: Wasser fließt immer von einem höheren zu einem tieferen Ort, also bergab. Das nennt man *Strömung*.

Bach oder Fluss?

Was ist eigentlich der Unterschied zwischen einem Bach und einem Fluss? Meist werden kleinere fließende Gewässer, die natürlich entstanden sind, also nicht von Menschen angelegt wurden, als Bach bezeichnet. Bäche sind nicht besonders tief und haben ziemlich langsam fließendes Wasser. Ein Fluss ist viel tiefer und breiter als ein Bach und oft kann er sogar mit einem Schiff befahren werden.

Der längste Fluss, der durch Deutschland fließt, ist der Rhein. Er entspringt in den Alpen, erreicht in der Schweiz den Bodensee und fließt auf seinem Weg zur Nordsee durch sechs Länder. Er ist fast 1240 Kilometer lang. Der längste Teil des Rheins liegt mit 865 Kilometern in Deutschland.

Viele Gebiete haben Namen, die von den Flüssen stammen, die dort sind: Die Weser fließt zum Beispiel durch das Weserbergland, die Ruhr durch das Ruhrgebiet und die Isar durch den Isarwinkel.

Schlaue Frage

In welchem Fluss fließt das meiste Wasser?
Der Amazonas bildet mit seinen Meeresbuchten und fast 100 000 Nebenflüssen das größte und wasserreichste Flussgebiet der Erde. Er schlängelt sich in Südamerika durch den Regenwald. Insgesamt ist der Amazonas fast 7000 Kilometer lang und führt siebzig Mal so viel Wasser wie der Rhein.

Wenn du Gummistiefel trägst oder ein guter Weitspringer bist, kommst du leicht über diesen Bach.

Der Rhein fließt durch mehrere deutsche Städte und strömt auch am Kölner Dom vorbei.

Mein Lexikon

Strom:
Einen breiteren Fluss, der im Meer endet, bezeichnet man als *Strom*. Dazu zählen in Deutschland unter anderem der Rhein, die Elbe und die Donau.

Mein Lexikon

Kanal:
Ein *Kanal* wird von Menschen künstlich angelegt, um beispielsweise Schmutzwasser abzuleiten oder dafür zu sorgen, dass bestimmte Flächen nicht überflutet werden. Schifffahrtskanäle werden gebaut, um Waren von einem zu einem anderen Ort zu transportieren.

Der Weg des Wassers

Jedes fließende Gewässer entspringt einer Quelle im Gebirge. Das Wasser bildet zunächst einen kleinen Gebirgsbach, der dann immer breiter wird. Der Bach ist eiskalt und strömt sehr schnell, weil es steil bergab geht. Das Wasser hat viel Kraft: Es reißt Steine mit sich und kann sogar Schluchten in Felswände graben. Die Tiere und Pflanzen, die dort leben, haben sich gut an die starke Strömung angepasst. Auf seinem Weg ins Tal muss das Wasser manchmal auch Stufen aus Gestein überwinden – so entsteht ein Wasserfall.

Das Wasser rauscht im freien Fall nach unten.

Schlaue Frage

Wie heißt der höchste Wasserfall in Deutschland?
Der höchste Wasserfall ist der Röthbachfall in den bayerischen Alpen. Dort stürzt das Wasser 470 Meter in die Tiefe.

Wenn die Umgebung flacher wird, bildet der Fluss Schleifen.

Allmählich wird die Landschaft flacher und die Strömung langsamer. Jedes Mal, wenn ein weiterer Wasserlauf auf den Bach trifft, wird er breiter – ein Fluss entsteht. Durch die geringere Fließgeschwindigkeit lagern sich Steine, Kies und Sand am Grund ab. So bilden sich Sandbänke und Inseln.

Jeder Fluss endet schließlich in einem größeren Fluss, im Meer oder in einem See. Diese Stelle, an der sich der Fluss mit einem anderen Gewässer vermischt, heißt Mündung. In der Nähe des Meeres ist das Wasser viel wärmer als im Gebirge. Hier leben nur Tiere und Pflanzen, die mit Salzwasser zurechtkommen, denn bei Flut strömt es aus dem Meer in den Fluss hinein und vermischt sich mit dem Süßwasser.

Mein Lexikon

Brackwasser: Wo sich Süß- und Salzwasser vermischen, spricht man von *Brackwasser*.

Mein Lexikon

Flussdelta: Bevor der Fluss ins Meer oder in einen großen See mündet, teilt er sich durch die Ablagerung von Sand und Gesteinen in mehrere kleine Flüsse auf. Diese Form, die von oben wie ein Dreieck aussieht, heißt *Flussdelta*.

Schwimmende Pflanzenteppiche

Mein Lexikon

Fotosynthese: In Pflanzen steckt der Farbstoff Chlorophyll, der ihre Blätter grün macht. Mithilfe von Sonnenlicht verwandelt das Blattgrün Wasser aus dem Boden und Kohlendioxid aus der Luft in Zucker. Dabei entsteht auch das Gas Sauerstoff, das Menschen zum Atmen brauchen. Diesen Vorgang nennt man *Fotosynthese*.

Es gibt eine Pflanze, die wächst in fast jedem Bach oder Fluss: die Wasserpest. Ihre Wurzeln sind im Boden verankert, die langen Stängel und schmalen Blätter befinden sich komplett unter Wasser. Die Pflanze breitet sich rasend schnell aus und bildet dichte Teppiche. Bei Bootsfahrern und Anglern ist sie nicht sehr beliebt, weil sich Schiffsschrauben und Angelruten in den Stängeln verfangen können.

Wie die Wasserpest ist der Wasserhahnenfuß eine Unterwasserpflanze. Wegen seiner Wurzeln bleibt er auch in schnell fließenden Gewässern immer am gleichen Ort. Im Sommer schauen kleine weiße Blüten über die Wasseroberfläche hinaus.

Die Wasserpest produziert viel Sauerstoff, den alle Lebewesen zum Atmen brauchen.

Im Sommer sieht der Wasserhahnenfuß wie ein riesiger Blütenteppich aus.

Schwimmblattpflanzen haben Blätter, die auf der Wasseroberfläche treiben – wie bei der Wasserlinse. Ihre winzigen Blätter schwimmen, nur ihre kurzen Wurzeln ragen ins Wasser. Sie sind also nicht mit dem Boden verbunden. Die Wasserlinse kommt deshalb nur in langsam fließenden Gewässern vor, weil die Strömung sie sonst einfach davontragen würde. Da Enten die Blättchen gerne verspeisen, nennt man die Pflanze auch Entengrütze. Für die Tiere unter Wasser sind die Blätter Schattenspender und Versteck zugleich.

Für Forscher

Fülle Wasser in ein durchsichtiges Gefäß, gib einige Wasserpestpflanzen hinein und stelle es in die Sonne. Nach mehreren Stunden kannst du beobachten, dass Luftblasen aufsteigen. Daran erkennst du, dass die Pflanze Sauerstoff hergestellt hat.

Nasse Füße

Mein Lexikon

Sumpfpflanzen:
Bei den *Sumpfpflanzen* befinden sich die Wurzeln im Wasser, während Blätter und Blüten über die Wasseroberfläche hinausragen.

Mein Lexikon

Reet:
Getrocknetes Schilf, das *Reet* genannt wird, verwendet man häufig an der Küste. Die Menschen decken damit seit Tausenden von Jahren die Dächer ihrer Häuser.

Kein Mensch mag immer nasse Füße. Aber für manche Pflanzen gibt es nichts Besseres. Schilfrohr zum Beispiel wächst vor allem am Rand von Gewässern. Die Wurzeln graben sich im flachen Wasser in der Nähe des Ufers in den Boden, Blüten und Blätter wachsen an der Luft. Eine weitere sehr typische Pflanze, die im Wasser wurzelt, ist der Rohrkolben. Pflanzen am Ufer nutzen zur Verbreitung ihrer Samen und damit zu ihrer Vermehrung den Wind, das Wasser oder sogar Wasservögel.

Das Schilfrohr wächst im Wasser bis zu einen Meter tief in den Boden hinein.

Den Rohrkolben erkennst du im Sommer gut an den länglichen braunen Blüten. Die Blätter können bis zu vier Meter lang werden. Die Samen breiten sich durch den Wind und über das Wasser aus.

Die Sumpfdotterblume wächst an feuchten Orten. Ihre Blüten sind leuchtend gelb. Bei Regen werden die Samen ins Wasser gespült und verbreiten sich. Pflücke diese Blume nicht, denn sie ist leicht giftig!

Der Blutweiderich hat rosa- oder lilafarbene Blüten. Die Samen bleiben am Gefieder von Wasservögeln kleben und verteilen sich so. Die Pflanze wurde früher verwendet, um blutende Wunden zu heilen.

In großen Gruppen wächst der Bachehrenpreis, der auch Bachbunge genannt wird. Seine Blüten sind hellblau. Die Fruchtkapseln werden durch Regen und Wasservögel verbreitet.

Baumriesen am Ufer

Für Forscher

Erkundige dich, wo in deiner Nähe Silberweiden wachsen. Sie sind überhaupt nicht empfindlich. Du kannst selbst ausprobieren, wie schnell sie im Boden festwachsen. Stecke dazu einige Weidenzweige in die Erde. Wenn du sie regelmäßig gießt, bilden sie bereits nach einigen Tagen neue Wurzeln und Triebe.

Bäume, die am Ufer von Gewässern wachsen, mögen es gerne feucht. Zu diesen Baumarten gehören Weiden, Schwarzerlen und Schwarzpappeln. Sie sind ideal auf das Leben am Wasser eingestellt.

Die langen Äste der Weide sind sehr biegsam. Das ist praktisch, wenn das Wasser im Fluss nach einem Gewitter wilder fließt oder es zu einer Überschwemmung kommt. Denn die Zweige sind stabil und reißen nicht so schnell ab. Falls doch einmal ein Ast abbricht, ist das auch nicht schlimm: Selbst aus einem kleinen Zweig, der ans Ufer geschwemmt wird, kann ein neuer Baum entstehen.

Manche Weidenarten wachsen bis zu dreißig Meter hoch.

Aus den biegsamen Zweigen der Weide kann man Körbe flechten.

Schwarzerlen wachsen an Bächen und Flüssen oft in Gruppen.

So sehen die Blätter und Früchte der Schwarzerle aus.

Das sind die Blätter und Früchte der Schwarzpappel.

Schwarzerlen und Schwarzpappeln wachsen sehr schnell und können bis zu dreißig Meter groß werden. So schützen sie sich davor, dass das nahe Wasser sie überflutet. Die Schwarzerle hat einen sehr schmalen, geraden Stamm. Du erkennst sie gut an ihren runden Blättern ohne Spitze und den kleinen braunen Früchten.

Die Blätter der Schwarzpappel sind fast dreieckig. Sie flattern bereits bei leichtem Wind. Das typische Rascheln hörst du, wenn du unter einer Pappel stehst. Die Früchte sind kleine grüne Kapseln mit wolligen weißen Samen. Ihren Namen haben beide Bäume wegen ihrer dunklen Rinde bekommen.

Schlaue Frage

Warum rascheln Pappeln?
Das Blatt der Pappel hat einen besonderen Stiel: Er ist flach, während die meisten anderen heimischen Bäume einen runden Blattstiel haben. Schon beim kleinsten Windstoß beginnen die Blätter zu flattern und man hört es rascheln.

Wald unter Wasser

Wo das Wasser eines Flusses die Landschaft regelmäßig überflutet, entsteht ein ganz besonderer Wald: der Auwald. Wenn im Frühling der Schnee schmilzt oder es lange regnet, hat das Wasser nicht mehr genug Platz im Flussbett. Dann tritt es über das Ufer – Bäume und Sträucher werden überschwemmt und stehen eine Zeit lang unter Wasser. Erst nach und nach zieht es sich wieder zurück, an tieferen Stellen im Boden bilden sich kleine Tümpel.

Auf dem noch feuchten Boden des Waldes fühlen sich manche Blumenarten besonders wohl: Buschwindröschen, Schneeglöckchen und Schlüsselblumen strecken im Frühjahr ihre farbenprächtigen Blüten der Sonne entgegen. Schon bald entfalten die Bäume ihre Blätter und bilden dichte Kronen.

Der Auwald lässt sich in zwei Bereiche unterteilen: In der Weichholzaue wachsen Weiden, Erlen und Pappeln. Sie stehen bis zu 200 Tage im Jahr unter Wasser und kommen damit gut zurecht. Die Hartholzaue liegt etwas höher und wird nur bis zu drei Monate im Jahr überflutet. Hier wachsen Bäume wie Eichen, Eschen und Ulmen.

Für Forscher

Ein Ausflug in den Auwald lohnt sich besonders im Frühling. Halte nach den zarten weißen Buschwindröschen Ausschau. Oft wachsen sehr viele nebeneinander, dann sind sie besonders leicht zu entdecken. Aber Achtung: Pflücke sie nicht, denn sie stehen unter Naturschutz!

Grasfrosch

Libelle

Europäische Sumpfschildkröte

Ringelnatter

Pirole

Uferschnepfe

Der Auwald dient zahlreichen Tieren als Lebensraum. Hier finden sie immer ein Versteck, ausreichend Nahrung und ein ruhiges Plätzchen, wo sie ihre Eier ablegen und ihren Nachwuchs großziehen können.

Leben im Flussbett

Am Grund von Bächen und Flüssen verbergen sich zwischen Sand, Kies und Steinen kleine Wasserbewohner wie Krebse, Muscheln und Schnecken. Aber wie schaffen sie es, an einem Ort zu bleiben, wenn das Wasser um sie herum immer in Bewegung ist? Jedes Tier hat seine eigene Technik entwickelt, um zu verhindern, dass es von der Strömung davongetragen wird.

Der Bachflohkrebs bevorzugt langsam fließende Gewässer. Dort kriecht oder schwimmt er mit seinem bogenförmigen Körper seitlich vorwärts. So kann er sich sogar gegen die Strömung bewegen. Er ernährt sich von abgestorbenen Pflanzenteilen, zum Beispiel von Falllaub.

Der große Flusskrebs bewohnt langsam fließende Gewässer. Er ist nachtaktiv und versteckt sich tagsüber unter Wasserpflanzen oder in Steinhöhlen.

So winzig wie ein Floh ist der Bachflohkrebs zwar nicht, aber er wird nur ungefähr zwei Zentimeter groß.

Manche Flussnapfschnecken verbringen ihr ganzes Leben auf dem gleichen Stein.

Der Fuß der Muschel ist ein Muskel, den sie aus der Schale strecken kann.

Schlaue Frage

Wie viel Wasser kann eine Muschel filtern?
Eine große Muschel schafft es, in drei Stunden ungefähr so viel Wasser zu säubern, wie in eine Badewanne passt.

Die Flussnapfschnecke fühlt sich auch in schnell fließenden Gewässern wohl, denn sie saugt sich einfach an einem Stein am Flussgrund fest. Auch ihre Form hilft ihr dabei, nicht von der Strömung mitgerissen zu werden: Ihr Gehäuse ähnelt einer spitzen Mütze, an der das Wasser gut vorbeifließen kann. Sie kriecht über Steine und frisst dabei Algen und andere kleine Pflanzen.

Muscheln im Flussbett graben sich mithilfe ihres sogenannten Fußes in den Boden ein. Mit ihm können sie sich auch vorwärtsbewegen. Es gibt viele verschiedene Flussmuschelarten. Alle saugen Wasser ein, um sich von den winzigen Tierchen oder Pflanzenteilen darin zu ernähren. Sie sind besonders nützliche Flussbewohner, weil sie beim Fressen Schadstoffe aus dem Wasser filtern und es so reinigen.

Für Forscher

Tiere, die im Flussbett leben, kannst du am besten in einem Bach beobachten, in dem nur wenig Wasser fließt. Ziehe dir Gummistiefel an, steige ins niedrige Wasser und drehe vorsichtig einige Steine um. Kannst du dort Bachflohkrebse, Flussnapfschnecken oder Muscheln entdecken?

Wer baut denn da?

Der Biber kann bis zu einen Meter lang werden. Mit seinem flachen Schwanz, den er wie ein Ruder nutzt, kann er hervorragend schwimmen.

Das Flussufer nutzen Biber, Fischotter und Bisamratten, um dort ihre Wohnhöhlen zu bauen. Die größte Behausung wird vom Biber errichtet. Mit seinen starken Schneidezähnen nagt er Äste und Zweige ab und fällt sogar Bäume, die er dann zu einem Haufen aufschichtet. Aus diesem Material baut er auch Dämme, um Wasser aufzustauen. So liegen die Eingänge zu seiner Höhle meist unter Wasser. Der Biber möchte sich nämlich vor Eindringlingen wie Wölfen und Bären schützen. Seine Vorsicht ist angeboren und bleibt, obwohl es seine natürlichen Feinde bei uns kaum noch gibt.

Mein Lexikon

Instinkt:
Wenn Tiere genau „wissen", was sie zu tun haben, ohne es zuvor lernen zu müssen, handeln sie instinktiv. Ihr angeborenes Wissen, ihr *Instinkt*, sagt ihnen, was zu tun ist. Der Biber baut zum Beispiel instinktiv Höhleneingänge unter Wasser, um sich vor Feinden zu schützen.

Der Bau des Bibers wird auch Biberburg genannt. Für ihn ist es gar kein Problem, dass die Eingänge unter Wasser liegen, denn er ist ein guter Schwimmer und Taucher.

Den Fischotter erkennst du an seinem langen schlanken Körper und dem braunen Fell, das am Hals und am Bauch meist etwas heller ist.

Er gräbt seine Höhle entweder selbst oder nutzt Felsspalten, Hohlräume unter Wurzeln oder auch verlassene Höhlen anderer Tiere.

Die Bisamratte kann leicht mit dem Biber verwechselt werden. Sie ist aber viel kleiner und hat einen langen, runden Schwanz.

Das Tier wohnt in einer Bisamburg aus Schilf oder gräbt mit seinen Vorderpfoten und seinen Zähnen eine tiefe Erdhöhle in die Uferböschung.

Schnabel ins Wasser!

Ein kleines Rätsel: Auf einem Stein am Bach sitzt ein Vogel und hält aufmerksam Ausschau. Plötzlich taucht er blitzschnell ins Wasser ein und kommt an einer anderen Stelle mit einem Insekt im Schnabel wieder hervor. Du kannst das Tier das ganze Jahr über zwitschern hören. Welcher Vogel ist das?

Es ist die Wasseramsel – der einzige heimische Singvogel, der schwimmen und tauchen kann! Sie lebt vor allem an schnell fließenden Bächen und Flüssen, wo sie Wasserinsekten und kleine Fische jagt. Besonders wenn die Wasseramsel Junge hat, sucht sie ständig nach Futter, denn die Kleinen haben großen Hunger.

Mein Lexikon

Insekten und Larven: *Insekten* sind die größte Gruppe unter den Tieren. Sie haben sechs Beine und einen dreiteiligen Körper, der aus Kopf, Brust und Hinterleib besteht. Bei Ameisen, Libellen oder Ohrwürmern sind diese drei Teile gut zu erkennen, bei einigen Insekten wie Wanzen dagegen nur schwer. Den Nachwuchs von Insekten nennt man *Larven*. Viele sehen ihren Eltern überhaupt nicht ähnlich. Erst später entwickeln sich daraus die fertigen Insekten.

Du erkennst die Wasseramsel an ihrem braunen Gefieder und dem auffälligen weißen Fleck auf ihrer Brust.

Sie jagt unter Wasser. Mit ihren Flügeln kann sie bis zum Grund rudern und dort sogar herumlaufen.

Mit seiner Beute fliegt der Eisvogel meist auf einen Ast. Zappelnde Fische schlägt er dort gegen das Holz und verschlingt sie dann mit einem Happs.

Auch die Bachstelze sucht im und am Wasser nach Nahrung. Mit ihren langen Beinen trippelt sie hinter Insekten und kleinen Fischen her.

Der Eisvogel ist mit seinen bunten Federn unverwechselbar: Sein Kopf, sein Rücken und seine Flügel schillern blau. Das Bauchgefieder und seine Füße sind orange. Trotz seiner Farbenpracht ist er nicht leicht zu beobachten, denn er ist sehr scheu.

Mit seinem langen Schnabel jagt der Eisvogel im Wasser nach Insekten oder Fischen. Männliche Tiere nutzen ihren Fang nicht nur, um ihren Hunger zu stillen: Wenn ein Männchen sich mit einem Weibchen paaren möchte, lockt der Vogel es einfach mit einem schmackhaften Fisch an.

Das farbenfrohe Gefieder des Eisvogels ist eine hervorragende Tarnung. Wenn er über das Wasser fliegt, sieht man ihn wegen seines blauen Rückens kaum noch.

Winzigen Wassertierchen auf der Spur

In jedem Bach oder Fluss leben winzige Wassertierchen, zum Beispiel Larven, Würmer und Egel. Sie sind nicht nur Nahrung für Fische und Vögel wie die Wasseramsel, sondern können dir sogar „zeigen", wie sauber ein Gewässer ist. Deshalb nennt man sie auch Zeigertiere. Aber wie funktioniert das? Ganz einfach: Manche Tiere benötigen viel Sauerstoff, damit sie atmen können, während andere mit wenig zurechtkommen. Je schmutziger das Wasser ist, desto weniger Sauerstoff gibt es darin.

Hast du in deinem Netz eine Eintagsfliegenlarve, eine Köcherfliegenlarve oder einen Strudelwurm gefangen, ist das ein gutes Zeichen: Sie leben nur in sauberem Wasser. In leicht verschmutzten Bächen und Flüssen findest du Prachtlibellenlarven, Schneckenegel und Fischegel. Die Zuckmückenlarve und der Rollegel fühlen sich in verunreinigten Gewässern wohl. Der Schlammröhrenwurm besiedelt sogar stark verschmutztes Wasser.

Für Forscher

Aus einem Küchensieb und einem Holzstab kannst du dir selbst einen Kescher bauen. Befestige dafür das Sieb mit Klebeband an dem Stab. Halte deinen Kescher an einer flachen Stelle in einen Bach und kippe deinen Fang in einen durchsichtigen Eimer mit Wasser. Welche Tierchen kannst du entdecken? Denke daran, sie nach dem Beobachten wieder ins Wasser zu schütten.

 Eintagsfliegenlarven

 Köcherfliegenlarve

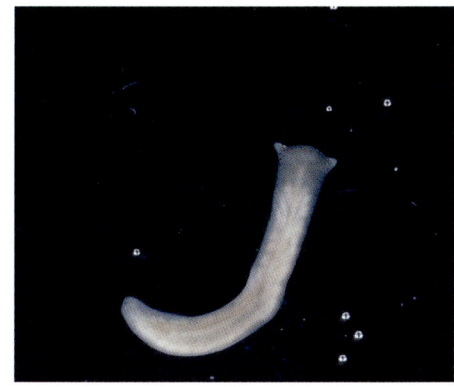 Strudelwurm

 Prachtlibellenlarve

 Schneckenegel

 Fischegel

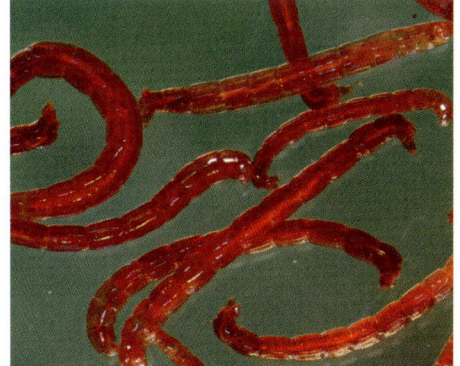 Zuckmückenlarven

 Rollegel

 Schlammröhrenwürmer

Jäger und Gejagte

Schlaue Frage

Warum hat die Bachforelle Punkte auf ihrem Körper?
Durch die schwarzen und roten Punkte ist sie nur schwer von den Steinen am Grund des Bachs zu unterscheiden. So ist sie besser vor ihren Feinden geschützt.

Die kleinen Stichlinge gehören zur Leibspeise der Bachforelle. Sie werden nur bis zu acht Zentimeter groß.

Wenn man dich fragt, welches Tier im Wasser lebt – woran denkst du? Bestimmt an einen Fisch. Und davon gibt es in Bächen und Flüssen tatsächlich ganz viele verschiedene Arten. Von der Bachforelle hast du vielleicht schon gehört, denn sie zählt zu den bekanntesten Süßwasserfischen. Krebse und kleinere Fische nehmen sich vor ihr in Acht, denn mit ihrem schlanken Körper kann sie schnell schwimmen. Wenn die Forelle nach einem Insekt in der Luft schnappt, springt sie sogar bis zu einen halben Meter aus dem Wasser.

Die Bachforelle ist aber nicht nur ein gefürchteter Jäger, sie muss auch selbst auf der Hut sein, zum Beispiel vor dem Hecht. Der große Fisch lauert seiner Beute fast regungslos im Wasser auf. Hat er einen Leckerbissen entdeckt, schießt er nach vorne und packt ihn mit seinen spitzen Zähnen.

Und vor wem muss der Hecht sich hüten? Ab und zu werden kleinere Hechte von größeren Artgenossen vertilgt, ansonsten haben sie im Wasser keine natürlichen Feinde. Trotzdem muss der Riese aufpassen: Bei Anglern ist er sehr beliebt.

Mit seinem großen Kiefer kann der Hecht ganze Beutetiere am Stück verschlingen.

Der Hecht kann bis zu 1,50 Meter groß und dreißig Kilogramm schwer werden.

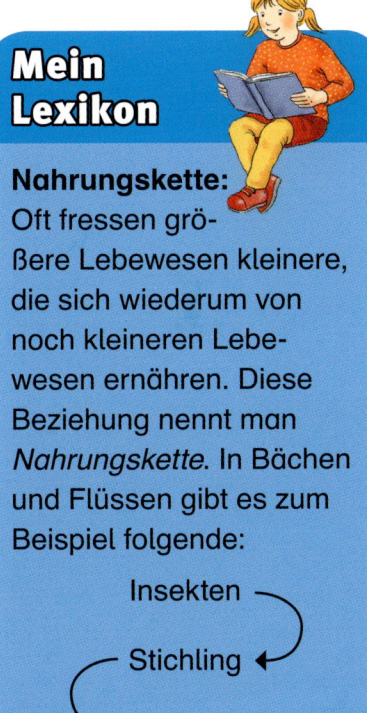

Mein Lexikon

Raubfische:
Raubfische machen Jagd auf andere Fische und Tiere wie Krebse, Frösche oder Insektenlarven. Die Forelle und der Hecht sind Raubfische.

Mein Lexikon

Nahrungskette:
Oft fressen größere Lebewesen kleinere, die sich wiederum von noch kleineren Lebewesen ernähren. Diese Beziehung nennt man *Nahrungskette*. In Bächen und Flüssen gibt es zum Beispiel folgende:

Insekten
↓
Stichling
↓
Forelle
↓
Hecht
↓
Mensch

Der Mensch und das Wasser

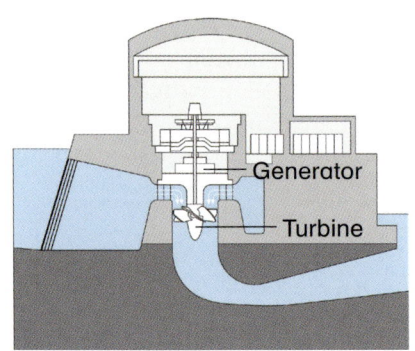

In einem Wasserkraftwerk fließt das Wasser durch ein Schaufelrad, das man Turbine nennt. Dieses treibt einen Generator an. Der Generator erzeugt den Strom.

Schlaue Frage

Wo wird viel Strom durch Wasserkraft produziert? In Deutschland gibt es Wasserkraftwerke vor allem im Süden. Denn hier liegen die Alpen, ein großes Gebirge, und Wasser hat besonders viel Kraft, wenn es bergab fließt.

Nicht nur Pflanzen und Tiere brauchen Wasser zum Leben. Bereits die ersten Menschen bauten ihre Dörfer in Flussnähe. Dort hatten sie genug Trinkwasser und durch Überschwemmungen lagerte sich Schlamm mit vielen Nährstoffen ab. Danach war der Boden besonders fruchtbar und konnte bepflanzt werden. Heute befinden sich entlang von Flüssen oft große Wein- und Obstanbaugebiete.

Die ersten Fahrzeuge, mit denen Menschen das Wasser überquerten, waren Flöße – einfache Boote aus Baumstämmen. Heute fahren große, motorisierte Schiffe flussauf- und -abwärts. Schon vor langer Zeit erkannten die Menschen, dass fließendes Wasser viel Kraft hat. So wurden mit Wasser Mühlen angetrieben, um zum Beispiel Getreide zu zerkleinern. Mühlen gibt es heute kaum noch, aber die Wasserkraft wird genutzt, um Energie zu erzeugen. Denn wo Wasser in Bewegung ist, kann man Strom gewinnen.

Gewässer sind aber auch beliebte Freizeitziele. Man kann am Ufer entlangspazieren, angeln oder sich mit einem Sprung ins kühle Nass erfrischen.

Viele Obst- und Weinanbaugebiete liegen an steilen Flusshängen. Das Wasser und die Abhänge können die Wärme der Sonne speichern. So wachsen die Früchte dort ausgezeichnet.

Besonders auf breiten Flüssen sind riesige Frachter unterwegs, die in bunten Containern verschiedenste Waren wie Mobiltelefone, Kleidung oder Autoteile transportieren.

Wasserkraftwerke schonen die Umwelt, weil bei der Stromerzeugung keine schädlichen Stoffe entstehen. Trotzdem verlieren durch den Bau Gewässer ihre natürliche Form und Tiere ihren Lebensraum.

Angeln und Keschern sind beliebte Hobbys bei Klein und Groß. Wenn man an einem Bach oder Fluss einen Fisch fangen möchte, braucht man in Deutschland einen Angelschein.

Lebensräume in Gefahr

An Bächen, Flüssen und ihren Auen sind unzählige Tier- und Pflanzenarten zu Hause. Jedoch ist ihr Lebensraum stark bedroht. Die Silberweide und die Sumpfdotterblume, der Fischotter und der Flusskrebs werden immer seltener. Woran liegt das? Ein Grund ist, dass in den letzten 150 Jahren zahlreiche Gewässer durch die Menschen verändert wurden. Sie haben die Flüsse begradigt, damit Schiffe besser auf dem Wasser fahren können. Die Ufer wurden mit Beton, Stahl und Steinen befestigt. An Kraftwerken wird das Wasser durch Mauern, sogenannte Staustufen, zurückgehalten.

Die Umgestaltung ist für Tiere sehr gefährlich: Ein begradigter Fluss fließt schneller und reißt kleine Lebewesen einfach mit, an einem Ufer aus Beton gibt es keine Verstecke, Staustufen sind für Fische nicht zu überwinden. Langsam merken wir Menschen, dass wir der Natur und uns selbst schaden. Deshalb werden viele Flüsse heute wieder natürlicher gestaltet. Das nennt man Renaturierung. Das Gewässer schlängelt sich dann wie früher durch die Landschaft, Sandbänke bieten Schutz für Lebewesen. An Staustufen werden Fischtreppen gebaut.

Schlaue Frage

Warum brauchen Fische eine Treppe?
Wenn Fische ihre Eier ablegen, kehren sie gerne an den Ort ihrer Geburt zurück. Das bedeutet, dass sie flussaufwärts schwimmen müssen. Damit sie Hindernisse wie einen Staudamm am Wasserkraftwerk überwinden können, baut man ihnen daneben eine Fischtreppe mit flachen Stufen aus Beton oder Steinen.

Nachdem die Wertach südlich von Augsburg vom Menschen verändert worden war, floss sie schnurgerade durch die Landschaft. Da es zu wenige Auwälder und freie Flächen am Ufer gab, wurden immer wieder Siedlungen überschwemmt.

Seit der Renaturierung schlängelt sich die Wertach wieder durch die Landschaft, das Wasser hat mehr Platz und wird durch Kies- und Sandbänke im Fluss abgebremst. Auf den Inseln leben Vögel und viele andere Tiere.

Achtung, Hochwasser!

Wenn im Frühling in den Bergen der Schnee schmilzt oder es über mehrere Tage stark regnet, sammelt sich in Bächen und Flüssen viel mehr Wasser als gewöhnlich – es herrscht Hochwasser. Manchmal tritt es sogar über die Ufer. Besonders begradigte Gewässer sind gefährdet, da das Wasser viel schneller fließt und weniger Platz zum Ausweichen hat.

Normalerweise sind Überschwemmungen für die Natur kein Problem. Denn der Boden und die Pflanzen, die im Auwald wachsen, können viel Wasser aufnehmen. Da die Menschen aber in vielen Überschwemmungsgebieten Straßen und Häuser gebaut haben, gibt es nicht mehr genug freie Flächen, die das Wasser auffangen können. Die Folge ist, dass Straßen überflutet werden und Keller mit schlammigem Wasser volllaufen. Bei starkem Hochwasser kann es sogar vorkommen, dass Menschen in ihren Häusern eingeschlossen werden und mit Schlauchbooten gerettet werden müssen.

Schlaue Frage

Was kann man gegen Hochwasser tun?
Die Renaturierung von Gewässern und geplante Überschwemmungsgebiete lassen dem Wasser mehr Platz, um sich zu verteilen und im Boden zu verschwinden. Wenn es über das Ufer tritt, schützen auch aufgeschüttete Hügel aus Sand, Steinen und Beton, sogenannte Deiche.

Auch für Rehe und andere Wildtiere ist Hochwasser eine große Gefahr, weil ihr Lebensraum überflutet wird. Besonders Jungtiere ertrinken häufig.

Wir gehen an den Bach

Wenn ihr Lust habt, einen Ausflug an einen Bach zu machen, um Tiere zu erforschen und spannende Dinge zu entdecken, könnt ihr euch eigentlich gleich auf den Weg machen. An ein paar wichtige Dinge sollte aber jeder von euch denken:

Packe Gummistiefel, eine Regenjacke und eine kleine Brotzeit für unterwegs ein. Um Tiere zu beobachten, nimmst du am besten einen Kescher, einen Eimer, ein Fernglas und eine Becherlupe mit.

Achte am Ufer darauf, dass du keine Pflanzen zertrittst. Halte besonders an steilen und matschigen Uferrändern genug Abstand zum Wasser.

Du solltest nur an flachen Stellen ins Wasser gehen, wo die Strömung nicht zu stark ist. Bewege dich langsam vorwärts, um die Wasserbewohner nicht aufzuschrecken.

Wenn du Tiere gefangen hast, lasse sie nach dem Beobachten wieder frei. Setze sie an derselben Stelle aus, an der du sie gefunden hast, damit sie sich gleich wieder verstecken können.

Für Forscher

Schon aus wenigen Materialien, die du in der Natur findest, kannst du ein Rindenboot bauen. Stecke dafür ein Stöckchen in ein Stück Baumrinde und suche dir ein Blatt als Segel. Setze das Boot auf die Wasseroberfläche und schau zu, wie die Strömung es davonträgt.

Vögel, die sich in den Bäumen am Ufer aufhalten und dort ihre Nester bauen, lassen sich hervorragend mit einem Fernglas beobachten.

Mit einem Kescher kannst du Insekten, Krebse und kleine Fische fangen. Dazu ziehst du den Kescher dicht über dem Grund vorsichtig durchs Wasser.

Froscheier, den sogenannten Laich, findest du im Frühling an Uferrändern. Mithilfe einer Becherlupe kannst du ihn vergrößert betrachten.

Einen Staudamm zu bauen macht großen Spaß. Die Äste solltet ihr aber bald wieder entfernen, damit sie Fischen nicht den Weg versperren.

Die Autorin

Svenja Ernsten hat in Münster studiert und danach an der Grundschule unterrichtet. Heute arbeitet sie als freie Autorin und Lektorin. Sie hat bereits zahlreiche Kindersachbücher, Lernhilfen und Unterrichtsmaterialien veröffentlicht. Mit ihrer Familie lebt sie im Westmünsterland. Weitere Informationen findest du auf ihrer Homepage *www.ernsten.info/svenja*.